DU ROI.

Paris, le 24 Novembre 1819.

LOUIS, par la grace de Dieu, Roi de France et de Navarre,

A tous ceux qui ces présentes verront, Salut.

Sur le rapport de notre Ministre Secrétaire d'État au département de l'Intérieur;

Vu les délibérations des quatorze Fabriques des Églises de la ville de Rouen;

Vu l'avis du Conseil Municipal et celui du Préfet;

Vu les Décrets des 23 Prairial an XII et 18 Mai 1806;

Notre Conseil d'État entendu,

Nous avons ordonné et ordonnons ce qui suit:

Article 1er.

Les Fabriques des Églises de la ville de Rouen feront, par elles-mêmes et à leur profit, les fournitures nécessaires au service des morts dans l'intérieur des Églises, et toutes celles relatives à la pompe des convois.

Art. 2.

Lesdites Fabriques mettront en bourse commune 25 pour % du produit brut de chaque convoi.

Chaque mois, le compte général des prélèvemens du mois précédent sera fait et partagé également entre toutes les Fabriques.

Art. 3.

Seront inhumés gratuitement, non-seulement les individus qui habitent le dépôt de mendicité, mais encore tous ceux qui seront renfermés dans les maisons d'arrêt, de justice et de détention, et dont l'indigence serait constatée par certificats des directeurs ou concierges de ces établissemens.

Art. 4.

Le réglement et cahier des charges ci-annexé, relatif à la mise en régie simple de l'entreprise, est approuvé en tout ce qui n'est pas contraire aux présentes dispositions.

Art. 5.

Notre Ministre Secrétaire d'État de l'Intérieur est chargé de l'exécution de la présente Ordonnance.

Donné en notre Château des Tuileries, le 24 Novembre, l'an de grace 1819, et de notre règne le 25e.

Signé LOUIS.

Par le Roi :

Le Ministre Secrétaire d'État au département de l'Intérieur,

Signé le Comte DE CAZES.

Pour ampliation :

Le Maître des Requêtes, Secrétaire-Général du Ministère de l'Intérieur,

Signé MIRBEL.

CAHIER DES CHARGES,

CLAUSES ET CONDITIONS,

Pour la mise en Régie simple de l'entreprise des Pompes Funèbres de la ville de Rouen.

Article 1er.

L'entreprise des Pompes funèbres, entre les mains des Fabriques, comprend le droit exclusif de louer et de fournir les chars, les corbillards, les voitures de deuil, les tentures de l'intérieur et de l'extérieur des Églises, des appartemens et de la maison mortuaire, les habillemens de deuil, et de faire faire les fosses.

Art. 2.

Les Fabriques de la Ville, remises en possession de cette entreprise le 23 Septembre 1817, conformément aux Décrets du 12 Juin 1804 et du 18 Mai 1806, continueront à la faire valoir par elles-mêmes à leur profit.

Art. 3.

À cet effet, elles nommeront chacune un Délégué spécialement chargé de concourir à tout ce qui sera relatif à cette entreprise, et ces Délégués, que M. le Maire sera prié d'autoriser à se réunir en assemblée régulière, nommeront, pour un temps déterminé, deux Régisseurs pris dans le sein des Fabriques, qui seront personnellement responsables du service, sous la surveillance de l'Autorité administrative. Ces Régisseurs ne pourront être en même temps Délégués et Régisseurs.

Art. 4.

Ces deux Régisseurs pourront être révoqués, 1° par M. le Maire, pour interruption et même inexactitude constante et habituelle dans le service ; 2° par les Délégués des Fabriques, pour négligence, désordre et confusion dans leur comptabilité.

Art. 5.

Dès l'organisation définitive, et à futur, les Régisseurs nommés par les Délégués des Fabriques seront présentés à M. le Maire, pour obtenir son agrément avant que d'entrer en fonctions.

Art. 6.

Ils prendront devant lui, s'il l'exige, l'engagement par écrit de se conformer, pour la perception du droit des inhumations, au tarif suivant, adopté par le Conseil Municipal, dans sa séance du 19 Janvier dernier.

Les Fournitures nécessaires aux Inhumations sont fixées ainsi qu'il suit :

Dispositions applicables à tous les Convois.

Pour le transport d'un enfant, à bras, s'il est âgé de moins d'un an, couvert d'un drap funéraire, garni d'un galon de laine. . . . . 6 fr.

Pour la fosse. 2

                        Total. . . . . 8 fr.

Pour le transport d'un enfant, s'il est âgé de moins de sept ans, avec char commun, et semblable à ceux qui sont actuellement en usage en cette Ville, attelé de deux chevaux, couvert d'un drap funéraire, garni d'un galon de laine, et desservi par deux hommes vêtus de noir. . . . . 6 fr.

Pour la fosse. 2

Pour un petit poêle blanc, garni d'un galon de laine, pour l'exposition. 1

                        Total. . . . . 9 fr.

Pour le transport d'une personne au-dessus de cet âge, avec char comme dessus, et desservi par trois hommes vêtus de noir. . . 12 fr. » c.

Pour la fosse. . . . . 3 »

Pour un poêle commun, la descente à l'exposition. 1 50

                      Total. . . . . 16 fr. 50 c.

Dispositions particulières aux personnes qui désireraient varier la forme des Chars et les Fournitures accessoires.

1° Pour un char à garniture, avec franges de laine, couvert d'un drap mortuaire, garni aussi de franges et galons de laine. . . . . 30 fr.

Pour la fosse. 3

Pour un grand poêle blanc ou noir, garni aussi de franges et galons de laine, pour l'exposition. 3

TOTAL. . . . . 36 fr.

Pour un petit poêle pour un enfant. . . . 2 fr.

2° Pour un petit corbillard à galons d'argent, couvert d'un drap mortuaire, aussi à galons d'argent. . . . . 40 fr.

Pour la fosse. 3

Pour un grand poêle à galons d'argent. . . 6

TOTAL. . . . . 49 fr.

Pour un petit poêle, *idem.* . . . . 4 fr.

3° Pour un petit corbillard drapé, à franges et galons d'argent, avec larmes et étoiles, orné de panaches aux quatre coins, couvert d'un drap mortuaire en drap, avec galons et franges d'argent, traîné par deux che-

vaux couverts d'un schall noir, garni de larmes,
étoiles et galons d'argent. . . . . 60 fr.

Pour la fosse. 3

Pour un grand poêle de drap blanc ou noir,
avec franges et galons d'argent. 12

TOTAL. . . . . 75 fr.

Pour un petit poêle, *idem*. . . . . 9 fr.

4° Pour un grand corbillard à double draperie, avec franges, galons, larmes et étoiles d'argent, orné de panaches aux quatre coins, couvert d'un drap mortuaire en drap, parsemé de larmes et étoiles, avec galons et franges d'argent, traîné par deux chevaux couverts d'un schall de drap, parsemé d'étoiles, larmes et galons d'argent, et ayant chacun la tête décorée de panaches. . . . . 72 fr.

Pour la fosse. 3

Pour un grand poêle noir ou blanc, parsemé de larmes, avec franges et galons d'argent, pour l'exposition. . . . . 15 fr.

TOTAL. . . . . 90 fr.

Pour un petit poêle, *idem*. . . . . . . 10 fr.

5° Pour un grand corbillard simple, couvert d'un drap noir, avec franges d'argent autour du bas de la caisse, orné de six panaches, tendu d'une draperie à franges et galons d'argent, et parsemé de larmes et étoiles, attelé de deux chevaux couverts de schalls, parsemés de larmes et étoiles, avec galons en argent, ayant des panaches. . . . . . 100 fr.

Pour la fosse. 3

Pour un grand poêle de velours, parsemé de larmes, étoiles, franges et galons d'argent. . 24

Total. . . . . 127 fr.

Pour un petit, *idem*. . . . . 18 fr.

6° Le même corbillard, avec huit panaches, drapé sur la caisse, en drap noir ou blanc, avec branches d'ornemens, larmes et étoiles sur le fond, franges d'argent formant l'entourage, tendu d'une draperie noire ou blanche, parsemée de larmes et étoiles, avec franges et galons d'argent, et attelé de quatre chevaux couverts de schalls, comme dessus. . . . 200 fr.

Pour deux chevaux de plus. 12

Pour la fosse. 3

Pour un grand poêle de velours, garni d'une grande croix en galon d'argent, parsemé de larmes et étoiles, avec franges et galons d'argent. . . . . 30 fr.

Total. . . . . 245 fr.

7° Le même corbillard, drapé, avec huit panaches, écussons, branches d'ornemens, larmes et étoiles sur le fond en drap noir ou blanc, franges d'argent formant l'entourage, avec galons sur les portières, tendu d'une double draperie et bonnes graces, orné comme le précédent, surmonté d'un dôme orné d'un gros panache au milieu et d'un petit aux quatre coins, attelé de six

chevaux couverts d'un schall, comme dessus,
et ayant des panaches. . . . . 300 fr.

Pour la fossse. 3

Pour un grand poêle de velours, garni d'une grande croix en galon d'argent, parsemé de larmes et étoiles, avec franges et galons d'argent, et quatre gros glands d'argent. . . 36

TOTAL. . . . . 339 fr.

On ne paiera pour les chars et corbillards que moitié des prix ci-dessus pour les décédés au-dessous de sept ans.

Voitures de Deuil.

Pour chaque voiture de deuil. . . . . 10 fr.

Tentures.

Pour chaque mètre carré de tenture. . . 50 c.

Hommes de Deuil et de Cérémonie.

Pour un Maître de Cérémonie, vêtu en noir, avec un chapeau à la Henri IV, orné d'une ceinture de soie à franges d'argent et d'une canne noire, garnie d'ivoire. . . . . 12 fr.

Pour chaque homme de suite. . . . . 3 fr.

Locations des Habillemens.

Pour un habit et une veste de drap fin. 3 fr.
Manteau de Maître. 4
Idem de Domestique. 3
Pour fourniture d'un crêpe. . . . . 1 fr. 50 c.

Art. 7.

Toute perception au-dessus du tarif, au préjudice des familles, ou au-dessous, au préjudice des Fabriques, sera réputée concussion, et emportera, par le fait, la révocation des Régisseurs.

Art. 8.

Conformément aux dispositions arrêtées par le Conseil Municipal, dans sa séance du 22 Juillet 1817, les décédés de tout âge seront portés au tombeau sur des chars, excepté, 1° les enfans âgés de moins d'un an, qui seront portés à bras; 2° les condamnés à mort dans les maisons de justice et de détention; 3° les suppliciés, pour lesquels le mode actuel d'inhumation continuera d'être suivi.

Art. 9.

Tout ordre, pour convoi, sera donné par écrit, et signé; il désignera, dans le cas où on fera la demande de fournitures qui ne sont pas applicables à tous les convois, les objets qui seront demandés par les familles, avec les prix fixés par le tarif; à cet effet, les Régisseurs feront imprimer des modèles d'ordre, en tête desquels sera relaté le tarif des droits à payer pour les convois funèbres, et c'est uniquement sur ces modèles imprimés que les familles, ou leurs fondés de pouvoirs, expliqueront leurs volontés. Les Régisseurs ne pourront, dans aucun cas, augmenter le total de la dépense fixée par l'ordre de convoi, à peine d'une amende de 100 francs, au profit des Hôpitaux de Rouen.

Art. 10.

Les indigens continueront d'être inhumés gratuitement sur le certificat du Président du Bureau de bienfaisance de leur arrondissement respectif, et suivant le mode de transport applicable à tous les convois.

Art. 11.

Si les indigens ne présentent pas le certificat prescrit dans l'article précédent, les Régisseurs sont autorisés, après avoir fait l'inhumation, à en poursuivre le paiement suivant le tarif le plus modique.

Art. 12.

Sont compris, sous dénomination d'indigens, les pauvres et mendians renfermés dans le Dépôt de Mendicité; ils seront inhumés sur le certificat du Directeur du Dépôt.

Art. 13.

Il n'est rien changé à l'abonnement fait pour l'inhumation des pauvres décédés dans les Hôpitaux, lequel sera continué comme par le passé.

Art. 14.

Les Fabriques mettront tous les moyens de faire le service de l'entreprise à la disposition des Régisseurs, qui auront deux chars communs, six chevaux disposés pour le service des chars, et qui seront tenus d'envoyer, au domicile du décédé, à l'heure convenue entre Monsieur le Curé de la Paroisse et la famille.

Art. 15.

Dans le cas où le char commun sera demandé à la même heure pour trois inhumations, les Régisseurs seront tenus d'en prévenir, sur-le-champ, la famille qui aura averti la dernière, et de demander une heure différente.

Art. 16.

A défaut par les Régisseurs de faire trouver le char à l'heure convenue, ou d'avoir sollicité une heure différente, lorsque le char commun aura été demandé à la même henre pour trois inhumations, lesdits Régisseurs seront passibles d'une amende de 50 francs, au profit des Hôpitaux de Rouen.

Art. 17.

Les Régisseurs seront tenus de faire transporter les corps à l'Église, toutes les fois qu'ils n'auront pas reçu un ordre contraire, sans pouvoir exiger une augmentation dans le prix des chars et des fournitures accessoires.

Art. 18.

Chaque inhumation aura lieu dans une fosse séparée, et chaque fosse qui sera ouverte aura deux mètres de profondeur, sur huit décimètres de largeur; elle sera ensuite remplie de terre bien foulée et même bombée.

Les fosses seront distantes les unes des autres de quatre à cinq décimètres, à la tête et aux pieds.

Art. 19.

Les Fabriques feront planter une Croix dans chaque Cimetière, et elles ouvriront, dans l'intérieur des mêmes Cimetières, autant qu'il sera possible, un chemin circulaire, qu'elles tiendront en bon état.

Art. 20.

Après que les murs des Cimetières auront été remis en bon état, conformément à la délibération du Conseil Municipal, du 22 Juillet 1817, les Fabriques seront chargées de les entretenir et de les réparer à l'avenir, ainsi que de continuer à entretenir la plantation des Cimetières.

Art. 21.

Pour les inhumations des personnes professant une autre Religion que la Religion Catholique, Apostolique et Romaine, les Régisseurs feront les mêmes fournitures, et se conformeront au présent cahier des charges pour autant qu'il y aura lieu.

Art. 22.

Le Bureau de l'entreprise des Pompes funèbres sera ouvert au Public tous les jours, de 9 à 2 heures, et de 5 à 7 heures du soir.

Dressé ce 6 Novembre 1818, conformément à la délibération des Délégués, soussignés, des quatorze Fabriques de Rouen, du 20 Août dernier.

Et ont signé, etc.

Certifié conforme,

Le Secrétaire du Comité,

Signé BOULLÉ.

Pour ampliation :

Le Maître des Requêtes, Secrétaire-Général du Ministère de l'Intérieur,

Signé MIRBEL.

Rouen. Imprimerie de TRUFAULT, rue Cauchoise, 65.

www.ingramcontent.com/pod-product-compliance
Lightning Source LLC
Chambersburg PA
CBHW061626040426
42450CB00010B/2693